Couvertures supérieure et inférieure
manquantes.

# GRAND ORGUE

## DE L'ÉGLISE MÉTROPOLITAINE

## NOTRE-DAME DE PARIS

# GRAND ORGUE

## DE L'ÉGLISE MÉTROPOLITAINE

# NOTRE-DAME DE PARIS

### RECONSTRUIT

## PAR M. A. CAVAILLÉ-COLL

# EXTRAIT DU RAPPORT

ADRESSÉ

## A SON EXCELLENCE M. BAROCHE

GARDE DES SCEAUX, MINISTRE DE LA JUSTICE ET DES CULTES

## PAR LA COMMISSION

CHARGÉE

DE LA VÉRIFICATION ET DE LA RÉCEPTION DES TRAVAUX

PARIS

TYPOGRAPHIE DE HENRI PLON

IMPRIMEUR DE L'EMPEREUR

8, RUE GARANCIÈRE

1868

# NOTES PRÉLIMINAIRES.

Pour compléter la magnifique restauration de l'église métropolitaine Notre-Dame de Paris, le Gouvernement avait commandé à la maison Cavaillé-Coll un orgue à proportions monumentales. En raison de l'importance exceptionnelle de cet instrument, S. Exc. le garde des sceaux, ministre de la justice et des cultes, par une décision en date du 17 février 1868, a nommé une commission spéciale pour en vérifier et recevoir les travaux.

Les membres de cette commission sont :

MESSIEURS

DUMAS, sénateur, président de la Commission ;

AUBER, membre de l'Institut, directeur du Conservatoire ;

AMBROISE THOMAS, membre de l'Institut ;

ROSSINI, membre de l'Institut ;

Baron SÉGUIER, membre de l'Académie des sciences ;

Général FAVÉ, aide de camp de l'Empereur, commandant l'École polytechnique ;

M<sup>gr</sup> SURAT, archidiacre de Notre-Dame ;

DE PLACE, archiprêtre de Notre-Dame ;

FÉLIX CLÉMENT, membre de la Commission des arts et édifices religieux ;

L'abbé LEGRAND, curé de Saint-Germain l'Auxerrois, membre de la Commission des arts et édifices religieux ;

BENOIST, professeur d'orgue au Conservatoire, membre de la Commission des arts et édifices religieux ;

Lissajous, professeur de physique au lycée Saint-Louis;

Lefévre, directeur de l'École de musique religieuse;.

Hamille, directeur de l'administration des cultes, président de la Commission des arts et édifices religieux;

De la Motte, chef de la 2ᵉ division à l'administration des cultes, membre de la Commission des arts et édifices religieux;

Viollet-Leduc, architecte de la cathédrale;

L'abbé Lamazou, auteur d'écrits scientifiques sur l'orgue, secrétaire de la Commission.

Dans sa première réunion générale du 20 février 1868, la Commission, sur la proposition de M. Dumas, président, s'est adjoint les trois étrangers de distinction désignés par M. le ministre des cultes pour prendre part à la réception des travaux de l'orgue :

MESSIEURS

Le chanoine Devroye, président du Congrès international de musique sacrée à Liége;

Le chevalier Van Elewick, secrétaire du Congrès international de musique sacrée à Louvain;

Lemmens, professeur d'orgue aux Conservatoires de musique de Londres et de Bruxelles.

Sur la proposition de M. le président et de M. le directeur de l'administration des cultes, la sous-Commission, chargée de faire une étude spéciale des travaux et de préparer le rapport, a été ainsi composée : MM. le baron Séguier, président; Lissajous, Félix Clément, de la Motte, chanoine Devroye; l'abbé Lamazou, rapporteur.

Dans la dernière séance générale du mercredi 4 mars, M. l'abbé Lamazou a donné lecture du rapport sur la vérification et la réception des travaux.

*(Extrait des procès-verbaux de la Commission.)*

# EXTRAIT DU RAPPORT

ADRESSÉ

## A SON EXCELLENCE LE GARDE DES SCEAUX

### MINISTRE DE LA JUSTICE ET DES CULTES

### SUR LA RÉCEPTION

## DES TRAVAUX DE L'ORGUE

### DE NOTRE-DAME DE PARIS

---

## PARTIE ARTISTIQUE.

---

### I.

Il est peu de monuments au monde aussi majestueux et aussi populaires que Notre-Dame de Paris. Cette célèbre métropole ne brille pas seulement d'un merveilleux éclat par ses vastes proportions et ses beautés architecturales, elle s'impose encore au respect et à l'admiration des hommes par les grands souvenirs historiques qu'elle rappelle. Depuis l'illustre évêque Maurice de Sully, qui en a entrepris la construction, et le pape Alexandre III, qui en a posé la première pierre, c'est-à-dire depuis près de sept cents ans, nous voyons se dérouler et se résumer dans Notre-Dame l'histoire de Paris et de la nation française. Aux jours de triomphe, nos pères accouraient à Notre-Dame pour y suspendre de glorieux trophées et entonner un cantique d'actions de grâces; aux jours de danger et d'épreuve, ils se pressaient encore à Notre-Dame pour demander au ciel de bénir ou de sauver la France.

On ne saurait donc assez remercier et féliciter le Gouvernement, qui a si heureusement conçu et réalisé la restauration de cet incomparable édifice. En lui rendant sa pureté et sa fraîcheur, il a rajeuni le principal foyer de nos traditions religieuses et nationales, et donné aux générations à venir un éclatant témoignage du respect et de la reconnaissance que nous inspirent les grandeurs du passé.

A cette consciencieuse et brillante restauration, dont le nom de M. Lassus et de M. Viollet-Leduc est désormais inséparable, il manquait un orgue digne de l'imposante majesté du monument et enrichi des nombreux perfectionnements de l'art moderne. M. le Ministre des cultes, d'après les ordres de l'Empereur, l'a demandé à l'auteur de la plupart de ces perfectionnements, au facteur qui a produit les orgues de Saint-Denis, de la Madeleine et de Saint-Sulpice, remporté la grande médaille d'honneur à l'Exposition universelle de 1855, et que le jury de l'Exposition universelle de 1867 associait naguère à ses travaux, après avoir classé ses instruments hors concours.

L'ancien orgue de la métropole n'était plus proportionné ni à l'étendue ni à la splendeur de cet édifice. Construit sous le règne de Louis XV et l'archiépiscopat de Mgr Christophe de Beaumont, par Thierry Lesclope, l'un des plus habiles facteurs de l'époque, il fut définitivement inauguré en 1750. Le célèbre Cliquot le modifia et l'agrandit en 1785. Un rapport déposé aux archives de Notre-Dame déclarait que le travail de restauration de

Cliquot fut accueilli avec enthousiasme par Balbâtre, François Couperin, Charpentier et Séjan père, tous les quatre organistes par quartier du chapitre métropolitain.

En 1833, Dallery père et fils furent chargés d'y faire une réparation importante. Dallery père étant mort l'année suivante, son fils continua les travaux de l'orgue, qui fut reçu en 1838. Il se composait de quatre claviers à main, d'un clavier de pédale séparée et de quatre mille quatre-vingt-neuf tuyaux. L'étendue des jeux avait été augmentée de dix notes dans les dessus; mais plusieurs de ces notes dépassaient les limites musicales que l'expérience avait fixées et n'ajoutaient aucun effet sensible à la sonorité de l'orgue. Aussi ne pouvaient-elles plus parler depuis longtemps. Les claviers et la partie mécanique de l'instrument furent renouvelés d'après l'ancien système. Quoique établie sur un système nouveau, la soufflerie produisait encore de fâcheuses altérations dans la sonorité de l'orgue. En outre, le travail du souffleur était si pénible, que deux hommes pouvaient à peine mettre en mouvement le levier, qui avait été disposé pour un seul.

Malgré la perfection relative de quelques-uns de ses éléments, tels que les jeux d'anche et tous les jeux du positif établis par Cliquot, l'orgue de Notre-Dame ne pouvait plus convenir à ce vaste et splendide monument, depuis surtout que de précieuses transformations étaient successivement réalisées dans les orgues de Saint-Denis, de la Madeleine, de Saint-Eustache et de Saint-Sulpice.

## II.

Donnons d'abord un aperçu sommaire de la nouvelle composition de l'instrument que M. Cavaillé-Coll vient de reconstruire après cinq années d'études et de travaux. Il comprend cinq claviers à main et un clavier de pédale [1].

Le clavier de pédale renferme. . 16 jeux et  480 tuyaux.
Le clavier du grand chœur. . . 12   —   672   —
Le clavier du grand orgue. . . . 14   —   1088  —
Le clavier de bombarde. . . . . 14   —   945   —
Le clavier du positif. . . . . . 14   —   980   —
Le clavier du récit. . . . . . . 16   —   1072  —

Le clavier de pédale s'étend de *ut* à *fa* et possède 30 notes [2].

Chacun des claviers à main s'étend de *ut* à *sol* et en possède 56.

Total, 86 jeux, 5,246 tuyaux, plus 12 registres et 22 pédales de combinaison.

Quoique convaincue par l'expérience du mérite des œuvres de M. Cavaillé-Coll et des progrès qu'il réalise depuis trente-cinq ans dans la facture d'orgue, la Commission chargée de la vérification et de la réception des travaux de l'orgue de Notre-Dame a cru néanmoins devoir se livrer au plus minutieux examen de l'ensemble et des détails, à cause de l'importance artistique de cet instrument et de l'intérêt qu'il offre sous le rapport mécanique et acoustique. Outre la séance générale d'examen et d'audition du 20 février, la sous-Commission s'est réunie quatre fois, sous la présidence de M. le baron Séguier. Il n'y a pas un son qui n'ait été entendu, pas un levier de ce vaste mécanisme dont on n'ait examiné la précision du mouvement, pas un clavier dont on n'ait étudié la nature

[1] Voir à la suite du Rapport la composition détaillée de l'instrument.

[2] Ce pédalier est établi d'après les dimensions adoptées, le 1er septembre 1864, par la section de musique religieuse du congrès de Malines, sur la proposition de M. le chanoine Devroye, président.

et la proportion des jeux, pas une amélioration et un perfectionnement dont on n'ait discuté l'opportunité et la valeur intrinsèque. La séance où les clauses du devis ont été mises en regard de la composition actuelle de l'instrument, et où chaque membre de la Commission a formulé son jugement définitif pour la rédaction du rapport, a duré près de cinq heures.

Afin de reproduire avec fidélité ses appréciations, suivons l'ordre qu'elle a adopté dans l'examen des travaux.

Nous devons d'abord constater que l'on s'exposerait à une grave erreur si l'on se bornait à estimer la valeur artistique de l'orgue de Notre-Dame en prenant pour seul terme de comparaison avec l'orgue qu'il remplace ou d'autres orgues de France et de l'étranger le nombre des jeux, des claviers et même des pédales de combinaison. Lors même que l'ancien orgue de la cathédrale de Paris aurait possédé quarante ou cinquante jeux de plus, il n'aurait pu être comparé à l'orgue actuel. La supériorité d'un orgue dépend surtout de l'excellence des éléments multiples qui le composent, de la perfection du mécanisme et de la soufflerie, de la proportion des jeux et des claviers, de la variété et de l'égalité des timbres, du talent de conception et d'exécution qui a présidé à une heureuse harmonie de l'ensemble et des détails.

Dans son rapport sur l'orgue de la Madeleine [1], M. Hamel constatait que cet instrument, bien que composé seulement de quarante-huit jeux, avait une puissance extraordinaire, et que les effets en étaient variés à l'infini. Il trouvait le système général de l'instrument si bien combiné, si heureusement exécuté, qu'il aurait été im-

[1] Maulde et Renou, 1846.

possible d'en supprimer un détail sans altérer l'harmonie qui régnait dans toutes ses parties. C'est ainsi que s'explique la supériorité de l'orgue de la Madeleine sur tant d'instruments qui renferment un nombre plus considérable de jeux et dont la construction a exigé une plus forte dépense d'argent.

Cinq années auparavant, M. le baron Séguier avait émis une appréciation analogue dans son rapport sur l'orgue de la basilique de Saint-Denis [1].

Cette observation importante, la Commission l'a également appliquée au nouvel orgue de Notre-Dame. Les nombreux éléments qui le constituent sont si bien agencés et appropriés à leur destination respective, qu'il serait difficile d'y faire un retranchement ou une addition sans en compromettre le caractère harmonieux.

Cette qualité, assez rare dans les œuvres complexes, n'a été déployée à un degré supérieur dans aucun orgue, même dans l'orgue monumental de Saint-Sulpice, dont l'organiste le plus renommé d'Allemagne, M. Hesse, parle cependant en ces termes dans la relation qu'il a publiée de son récent voyage en Angleterre et en France :

« Je dois déclarer que de tous les instruments que j'ai vus, examinés et touchés, celui de Saint-Sulpice est le plus parfait, le plus harmonieux, le plus grand, et réellement le chef-d'œuvre de la facture moderne [2]. »

### III.

La partie acoustique de l'instrument a été l'objet d'un long et consciencieux examen. Les jeux de chaque clavier

[1] Rapport au ministre des travaux publics, 1841.
[2] Breslau, 1863.

ont été essayés tuyau par tuyau, puis réunis les uns aux autres. Tous présentent d'excellentes conditions d'égalité, de suavité et de force. Un très-grand nombre ont frappé la Commission par la justesse de leur accord et la délicatesse de leur timbre. Nous citerons en particulier la contre-basse, le violoncelle, l'octave, la bombarde et le basson du clavier de pédale; la flûte harmonique, la viole de gambe et le basson-hautbois du clavier du grand orgue; le principal-basse, la trompette et le clairon du clavier de bombarde; la montre, le salicional et le cromorne du clavier du positif; la viole de gambe, la flûte octaviante, la clarinette et la plupart des jeux du clavier du récit expressif; les trois jeux d'anche du clavier du grand chœur, qui sonnent avec une rondeur et une puissance qu'on n'avait point obtenues jusqu'ici. Pour paraître supérieures aux voix humaines si renommées de Fribourg, celles de Notre-Dame ne demandent qu'à être jouées avec le même art et le même charme. M. Félix Clément, qui a été plusieurs fois délégué par l'Administration des cultes pour recevoir de grands instruments, a déclaré qu'il n'avait pas encore entendu un orgue aussi satisfaisant au point de vue de la mise en harmonie. M. Lissajous, que ses nombreux travaux sur l'acoustique mettaient à même d'apprécier à leur juste valeur les perfectionnements introduits dans la partie sonore, a également rendu justice à la perfection du travail harmonique.

La Commission a examiné avec une attention non moins sérieuse la partie mécanique de l'instrument. Ce travail a provoqué une véritable satisfaction. Malgré l'emplacement restreint qu'occupe l'orgue, tout y est disposé et coordonné avec habileté et précision. Aucun embarras dans la position respective des claviers et des tuyaux, dans le croisement des leviers et la direction des mouvements; ordre constant dans les différents étages occupés par les réservoirs régulateurs, les sommiers, les tuyaux et les moteurs pneumatiques. On peut circuler dans tous les sens et atteindre aux parties extrêmes de ce mécanisme compliqué pour les démonter et les réparer au besoin. La matière première est d'un choix irréprochable; quant au travail d'exécution, il dénote une rare habileté et finesse de main-d'œuvre. Suivant la remarque d'un membre de la Commission, ce mécanisme offre toutes les garanties de solidité et de durée; car dans l'orgue de Saint-Sulpice, où il atteint le plus haut degré de complication, on n'a pas eu à constater le moindre dérangement depuis six ans.

## IV.

La Commission ne croit pas devoir énumérer les différents perfectionnements mécaniques et acoustiques qui ont été déjà appliqués dans les principales orgues de M. Cavaillé-Coll; on en trouve une description très-compétente dans le rapport que rédigea M. Fétis au nom du jury de l'Exposition universelle de 1855, jury qui décerna au facteur parisien la plus haute récompense dont il pouvait disposer. Nous nous bornerons à quelques observations sommaires sur la soufflerie et les moteurs pneumatiques.

La soufflerie se compose d'une grande soufflerie alimentaire, à double réservoir, avec quatre paires de pompes, pouvant fournir environ 400 litres d'air par seconde, et d'une soufflerie à forte pression, armée de deux paires de pompes, fournissant par seconde 200 litres d'air.

Outre les quatre grands réservoirs régulateurs placés à proximité des sommiers qu'ils alimentent, on trouve encore dans l'intérieur de l'orgue deux grands réservoirs régulateurs à forte pression; quatre autres réservoirs régulateurs pour le récit, le grand chœur et les dessus du clavier du positif et de bombarde; un grand nombre de récipients d'air disséminés dans toute l'étendue de l'orgue et armés de ressorts pour éviter toute espèce d'altération dans la pression du vent.

Ces différents réservoirs contiennent environ 25,000 litres d'air comprimé. Il importe que l'artiste ait à sa disposition une provision abondante d'air; car s'il y a des tuyaux qui ne dépensent pas plus d'un centilitre d'air par seconde, les gros tuyaux de trente-deux pieds en absorbent chacun, dans le même intervalle de temps, jusqu'à 70 litres.

C'est pour la seconde fois que nous voyons appliqué à l'orgue de Notre-Dame le nouveau moteur pneumatique à double action, qui a pour but de vaincre les résistances et de faciliter la transmission des mouvements des registres pour les orgues considérables. Dans le rapport fait par M. Lissajous à la Société d'encouragement pour l'industrie nationale [1], on trouve une description lumineuse de la composition et des avantages de ce moteur pneumatique.

Afin de pouvoir placer dans un espace très-restreint et mouvoir à des distances considérables un grand nombre de registres, « M. Cavaillé - Coll a imaginé, dit M. Lissajous, d'appliquer au mouvement des registres un principe analogue à celui du levier pneumatique in-

[1] Bouchard-Huzard, 1865.

venté par M. Barker pour alléger la résistance des claviers. Le mécanisme Barker consiste dans l'emploi d'un soufflet moteur interposé entre la touche et la soupape que le doigt de l'organiste posé sur la touche doit faire mouvoir, afin de faire parler telle ou telle série de tuyaux. Ce soufflet, mis en relation avec la soufflerie par un porte-vent et une soupape spéciale sur laquelle agit la touche, se gonfle et exerce un effort suffisant pour vaincre la résistance de la soupape placée dans le sommier. Ce n'est donc pas sur la soupape à large surface que s'exerce l'effort du doigt de l'organiste, mais bien sur la petite soupape alimentaire placée dans le soufflet moteur.

» Chaque touche du clavier a ainsi son soufflet moteur, et l'ensemble de tous ces petits moteurs distincts, groupés habilement dans un petit espace, constitue cette machine à laquelle, malgré les perfectionnements que M. Cavaillé y a apportés, on a conservé avec raison le nom de machine Barker. Il est bien évident qu'en interposant un organe analogue entre le bouton du registre sur lequel l'organiste agit et le registre qu'il doit déplacer, malgré des frottements considérables, on réduira notablement la part du travail mécanique réservée à l'organiste en empruntant ce même travail aux dépens de la soufflerie, c'est-à-dire à la force physique du souffleur. C'est là une pensée éminemment heureuse que de soulager l'organiste de tout le travail que l'on peut sans inconvénient mettre à la charge d'un manœuvre, et de réduire autant que possible ses efforts à ce qui est du domaine de l'art.

» Cette pensée a dû germer dans la tête de plus d'un

facteur, et l'application d'une double machine Barker, l'une pour tirer, l'autre pour pousser les registres, était trop naturellement indiquée pour ne pas avoir été proposée ou tentée par divers facteurs. Il a été fait à ce sujet divers essais en Angleterre par M. Hill et M. Willis. M. Martin, de Provins, a également proposé dans un brevet l'application du levier pneumatique au mouvement des registres ; mais ce qui appartient à M. Cavaillé, c'est d'avoir réalisé cette pensée au moyen d'un moteur à double effet, d'une disposition spéciale, approprié de la façon la plus heureuse au service de l'orgue et au mouvement des registres ; c'est de ne pas être resté dans le domaine des projets ou des épreuves imparfaites, et d'avoir fait de son procédé personnel une expérience sérieuse et décisive. »

Tous ces moteurs pneumatiques sont symétriquement distribués dans les différents étages de l'orgue de Notre-Dame ; ils déploient une prestesse d'attaque qu'on n'avait pu obtenir de la machine Barker. Chacun des six claviers possède sa machine pneumatique. A chaque registre correspond également un moteur pneumatique. Si on ajoute les deux moteurs collectifs des pédales de combinaison, on arrive au chiffre prodigieux de 484 moteurs pneumatiques fonctionnant comme autant de petites machines à vapeur.

Aussi a-t-on pu dire que de toutes les œuvres mécaniques l'orgue est la plus variée et la plus harmonieuse. L'orgue n'est pas seulement, au point de vue musical, le roi des instruments ; il constitue encore, au point de vue mécanique, la machine la plus hardie et la plus parfaite qui existe.

## V.

Les pédales de combinaison, qui offrent à l'artiste d'inépuisables ressources pour le mélange des jeux et la variété des effets, sont au nombre de 22. C'est le chiffre le plus considérable qui ait été atteint jusqu'ici.

En présence de ces nouvelles richesses artistiques qui ouvrent à l'instrumentation de l'orgue des horizons infinis, la Commission a émis un double vœu : le premier, que M. Cavaillé-Coll songe, avec le concours des artistes compétents, à dresser un tableau des principaux mélanges et des meilleures combinaisons des jeux qu'offrent ses grands instruments, afin de préparer un guide sûr aux organistes, qui ne peuvent pas toujours apprécier par eux-mêmes toutes les ressources mécaniques et acoustiques de l'orgue; le second, que les organistes, se fiant trop exclusivement à ces ressources artistiques, ne se laissent pas entraîner à remplacer la pensée et l'étude par la couleur et l'effet. Dans son rapport sur l'orgue de la Madeleine [1], M. Hamel, avec sa haute autorité, donnait le même conseil aux organistes. « Les nouvelles combinaisons de l'orgue de la Madeleine, disait-il, nécessitent une étude toute particulière des effets de l'instrument. Lorsqu'on en connaît bien toutes les ressources, on peut lui faire produire les accents les plus suaves, les plus variés, les plus forts; et l'on doit distinguer les richesses qu'il présente de l'abus que l'on en pourrait faire. »

Ce dernier vœu de la Commission a un caractère évident d'utilité et d'opportunité Il ne suffit pas qu'un

---

[1] Mauldo et Renou, 1846.

orgue possède une grande valeur intrinsèque, il faut
encore des artistes consciencieux et intelligents pour lui
imprimer le mouvement et la vie. Ils doivent en étudier
les merveilleux secrets pour en déployer toutes les richesses. Ce qui donne la véritable vie à un orgue, c'est
moins la pression des pieds et des mains que l'âme de
l'artiste fortifié par d'austères études et une connaissance
approfondie de l'instrument. Les progrès réalisés dans
la facture moderne n'ont point pour but unique, comme
se l'imaginent les esprits vulgaires, de faciliter la mis-
sion de l'organiste en mettant à sa disposition les moyens
d'ébranler sans effort une grande masse instrumentale
et de produire des effets de sonorité autrefois impossibles
à obtenir. Plus un instrument est parfait, plus l'organiste chargé de l'animer doit redoubler d'énergie pour
en tirer un parti proportionné à sa perfection. Autrement
à quoi serviraient les récentes conquêtes de la science?
A mesure que l'art de fabriquer les orgues progresse,
il faut que l'art de les toucher progresse également. Il
serait vraiment regrettable que la science de l'organiste
demeurât stationnaire ou fût en raison inverse de la
science du facteur.

Cette observation, essentielle au point de vue du respect de l'art et de la dignité du culte, a été déjà émise
avec une vigoureuse conviction par M. Félix Clément
dans son *Histoire générale de la musique religieuse*[1].
« La facture des orgues, dit-il, a fait des progrès incon-
testables depuis un siècle. Nous ne pouvons en dire
autant du talent des organistes. Les fidèles et le clergé
lui-même ne donnent peut-être pas à leurs fonctions

[1] Adrien Leclère, 1860.

l'importance qu'elles méritent, et, de leur côté, les artistes ne prennent plus la peine de préparer leurs morceaux. » M. Félix Clément accompagne ce jugement critique d'un fait trop intéressant et trop local pour ne pas trouver place dans ce travail. « Dans le but de s'attacher quatre artistes de mérite et de leur fournir le temps et l'occasion de composer ou de préparer leurs morceaux, la cathédrale de Paris occupait quatre organistes qui se partageaient par quartier le service de l'année ecclésiastique. Ces organistes étaient en 1772 Daquin, Couperin, Balbâtre et Séjan. » Si l'on veut savoir quelle était leur valeur artistique, le même auteur va nous l'apprendre.

Daquin, qui avait « une exécution merveilleuse », jouait à l'âge de six ans du clavecin devant Louis XIV, « et se fit remarquer plus tard à côté de Rameau et de Haendel ». Il toucha l'orgue à Paris pendant soixante-dix ans, et « excita l'admiration de ses contemporains ».

Couperin appartenait à cette glorieuse famille qui a donné à l'Église et à l'art dix organistes célèbres. Il était le neveu de Couperin surnommé le Grand.

« Balbâtre, élève de Rameau, attirait une telle foule lorsqu'il exécutait les Noëls en variations et les *Te Deum*, que l'archevêque de Paris lui fit plusieurs fois défendre de toucher l'orgue. Cette circonstance peut paraître singulière et prouve que les temps ont bien changé. »

Séjan s'est immortalisé sur l'orgue de Saint-Sulpice au commencement de ce siècle, et son nom seul est plus éloquent que les hommages que nous pourrions lui décerner.

On sait encore que Notre-Dame a compté au nombre

de ses maîtres de chapelle Campra et le célèbre Lesueur.

Puisse ce fait historique stimuler le zèle des administrations paroissiales qui se préoccupent de la dignité du culte, et surtout des organistes, qui possèdent aujourd'hui des instruments incomparablement plus riches que ceux des Couperin et des Séjan.

## VI.

Il nous reste à signaler un dernier progrès réalisé pour la première fois dans l'orgue de Notre-Dame.

L'importance des orgues ne doit pas se mesurer seulement par le nombre des tuyaux et la dimension des jeux, mais encore par la richesse de leur composition harmonique.

Dans les plus grandes orgues on trouve des jeux de 32, 16, 8, 4, 2 et même 1 pied. Tous ces jeux sont à l'octave les uns des autres. Mais, indépendamment de ces jeux à l'octave, on a introduit de tout temps dans la construction des orgues des jeux intermédiaires, pris dans la série harmonique des sons, donnant la quinte, la tierce et leurs octaves. M. Cavaillé-Coll a ajouté la septième et ses différentes octaves, c'est-à-dire qu'il a complété la série harmonique des sons de 5 à 6 degrés de plus qu'on ne l'avait fait jusqu'ici.

Il en résulte que la base des divers jeux de l'orgue, qui ne s'étendait jusqu'à ce jour que de 9 à 11 degrés différents, s'est accrue par le fait de l'addition de la septième jusqu'à 16 degrés de la série harmonique [1].

Ainsi, l'orgue de Notre-Dame, qu'il faut classer en

[1] Voir le tableau synoptique de la base harmonique des différents jeux, page 30.

première ligne, possède une base de 16 degrés pris dans
la série harmonique de 1 à 32, tandis que l'orgue de
Saint-Sulpice, quoique ayant un plus grand nombre de
jeux, ne possède que 11 degrés de cette même série;
celui de la cathédrale d'Ulm, un des plus considérables
d'Europe, également 11 degrés; celui de Harlem, 9;
celui de Fribourg, 7; celui de Saint-Eustache, de
Birmingham et de la Madeleine, 6[1].

Ce complément de jeux ajoute à l'instrument non-seu-
lement une augmentation de puissance en proportion
réelle avec le nombre des jeux, mais il permet, en outre,
de donner au timbre de certaines combinaisons des ca-
ractères de sonorité tout à fait nouveaux et d'une grande
variété et richesse d'effets.

Pour résumer ces explications générales sur la série
harmonique, voici l'application qui en a été faite au grand
orgue de Notre-Dame. Le clavier de pédale contient une
série harmonique complète de 32 pieds, du 1er au 8e degré; le clavier de bombarde contient une série harmonique au ton de 16 pieds, du 2e au 16e degré, et le clavier du grand chœur contient une série harmonique au
ton de 8 pieds, du 4e au 32e degré.

## VII.

Il ne sera pas inutile de constater que les progrès réalisés dans l'orgue de Notre-Dame sont un honneur pour
l'industrie et l'art français. Depuis quarante années, la
facture française a laissé bien loin derrière elle la facture
étrangère, qui avait cependant produit des orgues jus-

[1] Voir le tableau comparatif des principales orgues d'Europe, page 31.

tement populaires, telles que les orgues de Harlem, de Fribourg et de Dresde. L'étude que nous avons faite sur place de ces trois instruments et des instruments les meilleurs de l'Europe [1] nous a démontré leur état d'infériorité, même par rapport à l'orgue de la basilique de Saint-Denis, qui est considéré comme le premier ouvrage marquant de la facture moderne. Depuis cette époque, l'art étranger s'est lancé à notre suite dans la voie des améliorations et des perfectionnements, surtout en Angleterre, en Hollande, en Allemagne et en Suisse; mais comme M. Cavaillé-Coll s'est constamment appliqué à faire progresser l'art français, les nations voisines restent toujours, vis-à-vis de nous, dans une infériorité manifeste.

Trois simples dates sont une preuve irrécusable de notre assertion.

Dans l'Exposition universelle de Paris, en 1855, la seule grande médaille d'honneur réservée à la facture d'orgue fut décernée à l'orgue de Saint-Vincent de Paul.

Dans l'Exposition universelle de Londres, en 1862, on ne put faire figurer que les plans de l'orgue de Saint-Sulpice. Mais les amateurs qui ont comparé cet instrument à ceux qu'on avait exposés à Londres n'ont pas eu un moment de crainte ou d'hésitation sur la supériorité de la facture française.

Enfin, dans l'Exposition universelle de 1867, ceux qui ont étudié l'orgue de Notre-Dame ne sont point surpris que le Jury international ait associé son constructeur à ses travaux et classé ses orgues hors concours.

M. Cavaillé-Coll avait pourtant un grave écueil à re-

---

[1] 1857, 1859, 1860, 1862, 1863, 1864, 1866. Angleterre, Allemagne, Suisse, Hollande, Belgique, Italie, Portugal, Espagne.

douter pour son orgue de Notre-Dame, c'était son orgue
de Saint-Sulpice. Il suffit de rappeler les conclusions du
rapport de M. de la Morinière [1] et de reproduire celles du
rapport de M. Lissajous, à la Société d'encouragement
pour l'industrie nationale [2], sur le travail de M. Cavaillé-
Coll : « La reconstruction de l'orgue de Saint-Sulpice a
été pour cet habile artiste l'occasion de réunir dans un
ensemble monumental tous les perfectionnements dont il
a doté la facture moderne. Malgré le nombre considérable de jeux, la multiplicité des organes, le développe-
ment considérable de la soufflerie, cet orgue présente
dans l'ensemble une simplicité majestueuse et une élégante
clarté. La partie acoustique de l'instrument se fait remarquer par la variété et la distinction des timbres ; l'ingé-
nieuse disposition des registres, jointe à la multiplicité
des pédales de combinaison, crée à l'organiste des ressources d'exécution inconnues jusqu'à présent. Le Conseil, convaincu de la haute valeur des travaux de M. Cavaillé-Coll, et reconnaissant les efforts qu'il n'a cessé de
faire pour maintenir la facture française au premier rang
en Europe, lui décerne une médaille d'or. »

Malgré sa tendresse bien justifiée pour une œuvre qui,
en échange de pénibles labeurs, lui a conquis les plus
honorables suffrages, M. Cavaillé-Coll s'est demandé s'il
convenait que la première cathédrale de France par ses
souvenirs religieux et nationaux possédât un orgue infé-
rieur à celui d'une église voisine. Inspiré par son amour
de l'art, fasciné par la majesté architecturale de Notre-
Dame, enhardi par la merveilleuse restauration qui vient

[1] Repos, 1864.
[2] Séance du 15 juillet 1863.

de la rajeunir, il a voulu en compléter l'harmonie par une œuvre monumentale.

La Commission, après un examen approfondi, a unanimement reconnu que l'orgue de l'église métropolitaine de Paris est un instrument de premier ordre, qu'il honore au plus haut degré la facture française, qu'il dépasse par la fécondité et la richesse de ses ressources les résultats artistiques que les clauses du devis faisaient pressentir.

La Commission déclare donc que l'instrument de M. Cavaillé-Coll est recevable de tout point et avec les plus grands éloges. Elle rend en même temps un juste hommage à la science de l'habile facteur, ainsi qu'à la belle ordonnance et à la parfaite exécution de ses travaux.

*Ont signé :* DUMAS, président; — AUBER, — AMBROISE THOMAS, — ROSSINI, — Baron SÉGUIER, — Général FAVÉ, — SURAT, — DE PLACE, — FÉLIX CLÉMENT, — LEGRAND, — BENOIST, — LISSAJOUS, — LEFÈVRE, — HAMILLE, — DE LA MOTTE, — VIOLLET-LEDUC, — Chanoine DEVROYE, — Chevalier VAN ELEWICK, — LEMMENS, — L'abbé LAMAZOU, secrétaire rapporteur.

Le directeur de l'administration des cultes, après avoir pris les ordres de Son Excellence M. le garde des sceaux, autorise la publication de l'*Extrait* ci-dessus relaté.

Paris, le 24 mars 1868.

*Signé* VICTOR HAMILLE.

# SÉANCE D'INAUGURATION
# DU GRAND ORGUE
## DE NOTRE-DAME DE PARIS,
### PRÉSIDÉE PAR MONSEIGNEUR DARBOY,
ARCHEVÊQUE DE PARIS, GRAND AUMÔNIER DE L'EMPEREUR,
LE 6 MARS 1868.

## ORDRE DE LA CÉRÉMONIE.

INTRODUCTION. — Prélude sur les jeux de fond, par M. SERGENT, Organiste titulaire.

Chant en faux-bourdon du Psaume *Laudate Dominum in sanctis ejus*. — *Domine salvum*, Grand Orgue et Chœur.

**Verset. — Oraison par Mgr l'Archevêque de Paris.**

### 1° ORGUE.

| | |
|---|---|
| Prélude et fugue en *mi mineur*, par M. LORET, Organiste à Saint-Louis d'Antin. . . . . . . . . . . . . . . . | J. S. BACH. |
| Fantaisie en *fa*, par M. DURAND, Organiste à Saint-Vincent de Paul. . . . . . . . . . . . . . . . . . | DURAND. |

### 2° CHANT.

| | |
|---|---|
| *Ave Maria* de Chérubini, chanté par le jeune Fél. RENAUD, | CHÉRUBINI. |

### 3° ORGUE.

| | |
|---|---|
| Introduction et Noël, par M. CHAUVET, Organiste à Saint-Merry. . . . . . . . . . . . . . . . . . . . . . . | CHAUVET. |
| Marche de la Cantate couronnée à l'Exposition universelle, exécutée par l'auteur. . . . . . . . . . . . . . | SAINT-SAENS. |

### 4° CHANT.

| | |
|---|---|
| *Pater noster*, solo et chœur. Solo chanté par M. BOLLAERT. | NIEDERMEYER. |

### 5° ORGUE.

| | |
|---|---|
| Fantaisie en *ut majeur*, par M. C. FRANCK aîné, Organiste à Sainte-Clotilde. . . . . . . . . . . . . . . | C. FRANCK. |
| Marche funèbre et chant séraphique, par M. GUILMANT, Organiste à Boulogne-sur-Mer. . . . . . . . . . . . | A. GUILMANT. |

### 6° CHANT.

| | |
|---|---|
| *Agnus Dei*, solo et chœur. Solo chanté par M. FLORENZA. | HAYDN. |

### 7° ORGUE.

| | |
|---|---|
| Improvisation sur différents jeux de l'orgue, par M. Ch. M. WIDOR, Organiste à Lyon. . . . . . . . . . . | WIDOR. |

### 8° CHANT.

| | |
|---|---|
| *Laudate Dominum*, chœur final. . . . . . . . . . . | Ambr. THOMAS. |

SORTIE, par M. SERGENT, Organiste titulaire.

N. B. *Le chant a été dirigé par M. Félix* RENAUD, *ex-maître de chapelle de Saint-Sulpice, et l'orgue d'accompagnement a été tenu par M. Albert* RENAUD.

# NOTES ET TABLEAUX

ANNEXÉS

## AU RAPPORT DE LA COMMISSION.

# DISPOSITION DES CLAVIERS DU GRAND ORGUE DE NOTRE-DAME DE PARIS

## RECONSTRUIT PAR ARISTIDE CAVAILLÉ-COLL

Inauguré le 6 mars 1868.

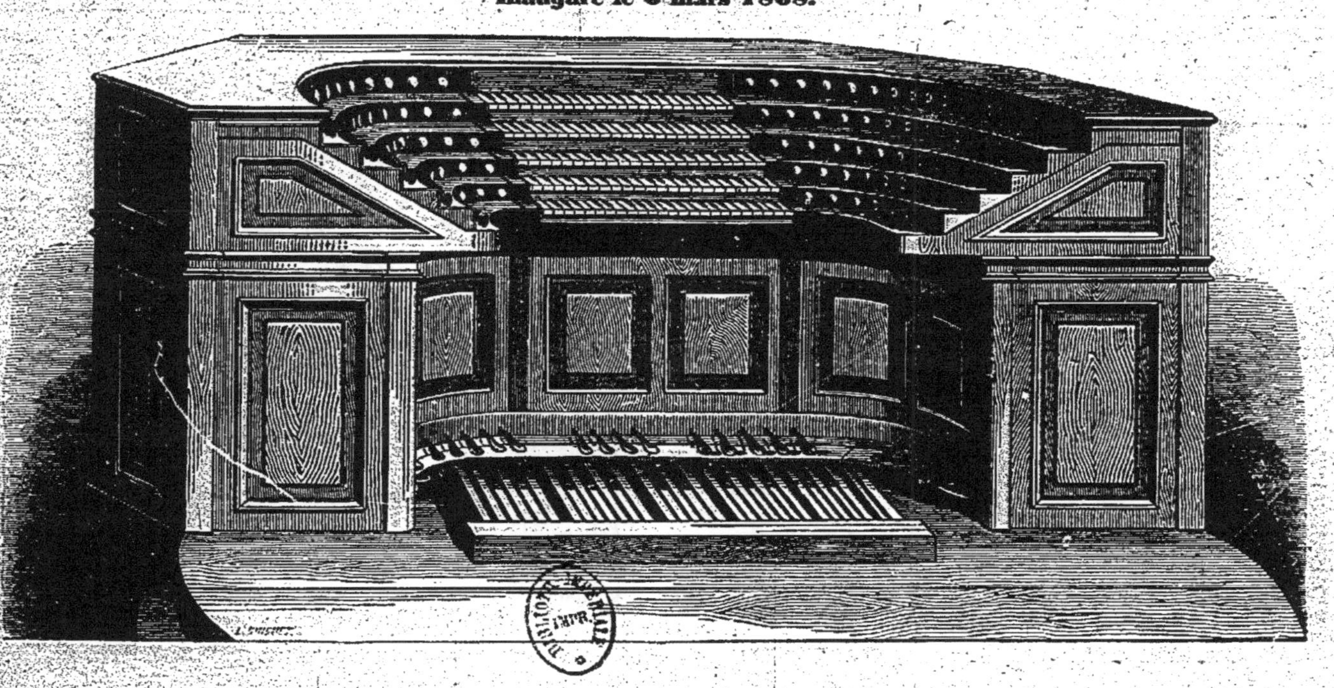

# COMPOSITION DES JEUX, DES REGISTRES ET DES PÉDALES DE COMBINAISON.

| CLAVIER DE PÉDALES OU PÉDALIER D'UT A FA, 30 NOTES. | PREMIER CLAVIER GRAND CHOEUR D'UT A SOL, 56 NOTES. | DEUXIÈME CLAVIER GRAND ORGUE D'UT A SOL, 56 NOTES. | TROISIÈME CLAVIER BOMBARDES D'UT A SOL, 56 NOTES. | QUATRIÈME CLAVIER POSITIF D'UT A SOL, 56 NOTES. | CINQUIÈME CLAVIER RÉCIT EXPRESSIF D'UT A SOL, 56 NOTES. |
|---|---|---|---|---|---|
| **Jeux de Fond.** | **Jeux de Fond.** | **Jeux de Fond.** | **Jeux de Fond.** | **Jeux de Fond.** | **Jeux de Fond.** |
| 1 Principal-Basse . 32 | 1 Principal . . . . . 8 | 1 Violon-Basse . . . 16 | 1 Principal-Basse . . 16 | 1 Montre . . . . . . . . 16 | 1 Voix humaine . . . 8 |
| 2 Contre-Basse . . . 16 | 2 Prestant . . . . . . 4 | 2 Montre . . . . . . . 8 | 2 Principal . . . . . . 8 | 2 Flûte harmonique 8 | 2 Clarinette . . . . . 8 |
| 3 Grosse Quinte . . . 10 2/3 | 3 Bourdon . . . . . . 8 | 3 Bourdon . . . . . . 16 | 3 Sous-Basse . . . . . 16 | 3 Bourdon . . . . . . . 16 | 3 Basson-Hautbois . 8 |
| 4 Sous-Basse . . . . . 16 | 4 Quinte . . . . . . . 2 2/3 | 4 Flûte harmonique 8 | 4 Flûte harmonique 8 | 4 Salicional . . . . . . 8 | 4 Dulciana . . . . . . 4 |
| 5 Flûte . . . . . . . . 8 | 5 Doublette . . . . . 2 | 5 Viole de Gambe . 8 | 5 Grosse Quinte . . . 5 1/3 | 5 Prestant . . . . . . 4 | 5 Voix céleste . . . . 8 |
| 6 Grosse Tierce . . . 6 2/5 | 6 Tierce . . . . . . . 1 3/5 | 6 Prestant . . . . . . 4 | 6 Octave . . . . . . . . 4 | 6 Unda maris . . . . 8 | 6 Quintaton . . . . . 8 |
| 7 Violoncelle . . . . . 8 | 7 Larigot . . . . . . 1 1/3 | 7 Bourdon . . . . . . 8 | | 7 Bourdon . . . . . . 8 | 7 Viole de Gambe . 8 |
| 8 Octave . . . . . . . . 4 | 8 Septième . . . . . 1 1/7 | | **Jeux de Combinaison.** | | 8 Quintaton . . . . . 16 |
| | 9 Piccolo . . . . . . . 1 | **Jeux de Combinaison.** | 7 Grosse Tierce . . . 3 1/5 | **Jeux de Combinaison.** | |
| **Jeux de Combinaison.** | | 8 Octave . . . . . . . 4 | 8 Quinte . . . . . . . 2 2/3 | 8 Flûte douce . . . . 4 | **Jeux de Combinaison.** |
| 9 Quinte . . . . . . . 5 1/3 | **Jeux de Combinaison.** | 9 Doublette . . . . . 2 | 9 Septième . . . . . . 2 2/7 | 9 Doublette . . . . . 2 | 9 Flûte harmonique 8 |
| 10 Septième . . . . . 4 4/7 | 10 Tuba magna . . . 16 | 10 Fourniture . . . . 2à5r. | 10 Doublette . . . . . 2 | 10 Piccolo . . . . . . 1 | 10 Flûte octaviante . 4 |
| 11 Contre-Bombarde 32 | 11 Trompette . . . . . 8 | 11 Cymbale . . . . . 2à5r. | 11 Cornet . . . . . . 2à5r. | 11 Plein jeu . . . . . 3à6r. | 11 Quinte . . . . . . . 2 2/3 |
| 12 Bombarde . . . . . 16 | 12 Clairon . . . . . . 4 | 12 Basson . . . . . . 16 | 12 Bombarde . . . . 16 | 12 Clarinette-Basse . 16 | 12 Octavin . . . . . . 2 |
| 13 Trompette . . . . 8 | | 13 Basson-Hautbois . 8 | 13 Trompette . . . . 8 | 13 Cromorne . . . . . 8 | 13 Cornet . . . . . . . 3à5r. |
| 14 Basson . . . . . . 16 | **RÉSUMÉ DE L'ORGUE** | 14 Clairon . . . . . . 4 | 14 Clairon . . . . . . 4 | 14 Clarinette aiguë . 4 | 14 Bombarde . . . . . 16 |
| 15 Basson . . . . . . 8 | | | | | 15 Trompette . . . . 8 |
| 16 Clairon . . . . . . 4 | | | | | 16 Clairon . . . . . . 4 |

Cinq claviers et un pédalier, **110** registres, **86** jeux, **22** pédales de combinaison; environ **6,000** tuyaux. — La soufflerie contient **25,000** litres d'air comprimé; elle est alimentée par six paires de pompes fournissant **600** litres d'air par seconde.

| REGISTRES DE COMBINAISON. | PÉDALES D'ACCOUPLEMENT ET DE COMBINAISON | | | | REGISTRES DE COMBINAISON. |
|---|---|---|---|---|---|
| | ANCHES ET TIRASSES DU PÉDALIER. | ACCOUPLEMENTS D'OCTAVES GRAVES. | APPEL DES JEUX DE COMBINAISON. | ACCOUPLEMENTS SUR LE 1er CLAVIER COLLECTIF. | |
| 1 Grand Chœur. | 19 Anches Pédales. | 14 Récit expressif. | 8 Tutti collectif. | 1 Expression. | 1 Grand Chœur. |
| 2 Grand Orgue. | 20 Tirasse Grand Orgue. | 15 Positif. | 9 Récit expressif. | 2 Tremolo. | 2 Grand Orgue. |
| 3 Bombardes. | 21 Tirasse Grand Chœur. | 16 Bombardes. | 10 Positif. | 3 Récit expressif. | 3 Bombardes. |
| 4 Positif. | 22 Effets d'orage. | 17 Grand Orgue. | 11 Bombardes. | 4 Positif. | 4 Positif. |
| 5 Récit expressif. | | 18 Grand Chœur. | 12 Grand Orgue. | 5 Bombardes. | 5 Récit expressif. |
| 6 Pédales. | | | 13 Grand Chœur. | 6 Grand Orgue. | 6 Pédales. |
| 7 Sonnette. | | | | 7 Grand Chœur. | 7 Sonnette. |

# TABLEAU SYNOPTIQUE DE LA BASE HARMONIQUE DES DIFFÉRENTS JEUX DU GRAND ORGUE DE NOTRE-DAME DE PARIS.

**Colonnes 1 à 8**

| | 1 | 2 | 3 | 4 | 5 | 6 | 7 | 8 |
|---|---|---|---|---|---|---|---|---|
| Dénomination des principaux jeux. | Principal-Basse. | Contre-Basse. | Grande-Quinte. | Diapason. | Grande Tierce. | Grande Quinte. | Septième. | Octave. |
| Série harmonique. | 1 | 2 | 3 | 4 | 5 | 6 | 7 | 8 |
| | Ut | Ut | Sol | Ut 1 | Mi | Sol | Si♭ | Ut 2 |
| | 32 p | 16 | $10\frac{2}{3}$ | 8 | $6\frac{2}{5}$ | $5\frac{1}{3}$ | $4\frac{4}{7}$ | 4 |
| Base harmonique du 32 pieds. | Principal-Basse. | Contre-Basse. | Grande Quinte. | Diapason. | Grande Tierce. | Grande Quinte. | Septième. | Octave. |
| Base harmonique du 16 pieds. | | Soubasse 16. | | Diapason 8. | | Grosse Quinte $5\frac{1}{3}$. | | Octave 4. |
| Base harmonique du 8 pieds. | | | | Diapason 8. | | | | Octave 4. |
| Série harmonique. | 1 | 2 | 3 | 4 | 5 | 6 | 7 | 8 |

**Colonnes 9 à 16**

| | 9 | 10 | 11 | 12 | 13 | 14 | 15 | 16 |
|---|---|---|---|---|---|---|---|---|
| Dénomination des principaux jeux. | Neuvième. | Dixième. | Onzième. | Douzième. | Treizième. | Quatorzième. | Quinzième. | Doublette. |
| Série harmonique. | 9 | 10 | 11 | 12 | 13 | 14 | 15 | 16 |
| | Ré | Mi | Fa | Sol | La | Si♭ | Si | Ut 3 |
| | $3\frac{5}{9}$ | $3\frac{1}{5}$ | $2\frac{10}{11}$ | $2\frac{2}{3}$ | $2\frac{6}{13}$ | $2\frac{2}{7}$ | $2\frac{2}{15}$ | 2 |
| Base harmonique du 32 pieds. | | | | | | | | |
| Base harmonique du 16 pieds. | | Grande Tierce $3\frac{1}{5}$. | | Quinte $2\frac{2}{3}$. | | Septième $2\frac{2}{7}$. | | Doublette 2. |
| Base harmonique du 8 pieds. | | | | Quinte $2\frac{2}{3}$. | | | | Doublette 2. |
| Série harmonique. | 9 | 10 | 11 | 12 | 13 | 14 | 15 | 16 |

**Colonnes 17 à 24**

| | 17 | 18 | 19 | 20 | 21 | 22 | 23 | 24 |
|---|---|---|---|---|---|---|---|---|
| Dénomination des principaux jeux. | Dix-septième. | Dix-huitième. | Dix-neuvième. | 20e petite Tierce | Vingt et unième. | Vingt-deuxième. | Vingt-troisième. | 24e Larigot. |
| Série harmonique. | 17 | 18 | 19 | 20 | 21 | 22 | 23 | 24 |
| | Ut# | Ré | Mi♭ | Mi | Fa | Fa# | Sol♭ | Sol |
| | $1\frac{15}{17}$ | $1\frac{7}{9}$ | $1\frac{13}{19}$ | $1\frac{3}{5}$ | $1\frac{11}{21}$ | $1\frac{5}{11}$ | $1\frac{9}{23}$ | $1\frac{1}{3}$ |
| Base harmonique du 32 pieds. | | | | | | | | |
| Base harmonique du 16 pieds. | | | | | | | | |
| Base harmonique du 8 pieds. | | | | Tierce $1\frac{3}{5}$. | | | | Larigot $1\frac{1}{3}$. |
| Série harmonique. | 17 | 18 | 19 | 20 | 21 | 22 | 23 | 24 |

**Colonnes 25 à 32**

| | 25 | 26 | 27 | 28 | 29 | 30 | 31 | 32 |
|---|---|---|---|---|---|---|---|---|
| Dénomination des principaux jeux. | Vingt-cinquième. | Vingt-sixième. | Vingt-septième. | Vingt-huitième. | Vingt-neuvième. | Trentième. | Trente et unième. | 32e Piccolo. |
| Série harmonique. | 25 | 26 | 27 | 28 | 29 | 30 | 31 | 32 |
| | Sol# | La | La# | Si♭ | Si♭ | Si | i # | Ut 4 |
| | $1\frac{7}{25}$ | $1\frac{3}{13}$ | $1\frac{5}{27}$ | $1\frac{1}{7}$ | $1\frac{3}{29}$ | $1\frac{1}{15}$ | $1\frac{1}{31}$ | 1 p |
| Base harmonique du 32 pieds. | | | | | CLAVIER DE PÉDALES. | | | |
| Base harmonique du 16 pieds. | | | | | CLAVIER DE BOMBARDES. | | | |
| Base harmonique du 8 pieds. | | | | Septième $1\frac{1}{7}$. | CLAVIER DE GRAND CHŒUR. | | | Piccolo 1. |
| Série harmonique. | 25 | 26 | 27 | 28 | 29 | 30 | 31 | 32 |

*Nota.* La série harmonique des jeux employés dans l'orgue de Notre-Dame de Paris se compose de 16 intonations différentes sur chaque note, au lieu de 11 employées jusqu'ici dans les plus grandes orgues. — L'intervalle entre le son le plus grave, donnant l'*ut* de 32 pieds, et le son le plus aigu du jeu de Piccolo, est de 9 octaves et une quinte, ce qui donne 10 *ut* plus la quinte *sol*.

# TABLEAU COMPARATIF DES PRINCIPALES ORGUES D'EUROPE.

| SÉRIE HARMONIQUE. | 1 | 2 | 3 | 4 | 5 | 6 | 7 | 8 | 10 | 12 | 14 | 16 | 20 | 24 | 28 | 32 | Plein jeu | Cornets | JEUX | TUYAUX |
|---|---|---|---|---|---|---|---|---|---|---|---|---|---|---|---|---|---|---|---|---|
| DÉSIGNATION DES JEUX PAR LA LONGUEUR DU PREMIER TUYAU. | 32 | 16 | $10\frac{2}{3}$ | 8 | $6\frac{2}{5}$ | $5\frac{1}{3}$ | $4\frac{4}{7}$ | 4 | $3\frac{1}{5}$ | $2\frac{2}{3}$ | $2\frac{2}{7}$ | 2 | $1\frac{3}{5}$ | $1\frac{1}{3}$ | $1\frac{1}{7}$ | 1 | | | | |
| **Notre-Dame de Paris.** Cinq claviers et un pédalier. | [illegible] | [illegible] | 1 | 28 | 1 | 2 | 1 | 15 | 1 | 3 | 1 | 5 | 1 | 1 | 1 | 1 | 3/16 | 2/10 | 86 | 5246 |
| **Saint-Sulpice de Paris.** Cinq claviers et un pédalier. | 2 | 19 | [illegible] | 38 | 0 | 2 | 0 | 17 | 1 | 3 | 0 | 6 | 1 | 1 | 0 | 1 | 6/29 | 3/15 | 100 | 6706 |
| **Cathédrale d'Ulm.** Quatre claviers et un pédalier. | 4 | 18 | 2 | 38 | [illegible] | 3 | 0 | 21 | 1 | 1 | 0 | 7 | 0 | 0 | 0 | 1 | 6/27 | 1/5 | 100 | 6286 |
| **Basilique de Saint-Denis.** Trois claviers et un pédalier. | 2 | 8 | 1 | 26 | 0 | [illegible] | 0 | 15 | 0 | 4 | 0 | 6 | 1 | 0 | 0 | 0 | 6/ | 1/5 | 70 | 4506 |
| **Lucerne (Suisse).** Quatre claviers et un pédalier. | 1 | 10 | 1 | 29 | 0 | 2 | [illegible] | [illegible] | 1 | 4 | 0 | 4 | 0 | 0 | 0 | 1 | 3/14 | 1/5 | 70 | 4131 |
| **Cathédrale de Harlem.** Trois claviers et un pédalier. | 2 | 8 | 1 | 19 | 0 | 2 | 0 | [illegible] | 0 | 4 | 0 | 6 | 2 | 0 | 0 | 0 | 5/ | 2/10 | 60 | 4095 |
| **Fribourg en Suisse.** Quatre claviers et un pédalier. | 1 | 6 | 0 | 24 | 0 | 0 | 0 | [illegible] | 0 | 1 | 0 | 4 | 0 | 0 | 0 | 1 | 4/8 | 5/25 | 61 | 4163 |
| **Saint-Eustache de Paris.** Quatre claviers et un pédalier. | 2 | 11 | 0 | 33 | 0 | 0 | 0 | [illegible] | 0 | 1 | 0 | 1 | 0 | 0 | 0 | 0 | 3/14 | 1/5 | 68 | 4000 |
| **Birmingham (Angleterre).** Trois claviers et un pédalier. | 3 | 8 | 0 | 17 | 0 | 2 | 0 | [illegible] | 0 | 1 | 0 | 4 | 0 | 0 | 0 | 0 | 4/11 | 3/15 | 54 | 3906 |
| **La Madeleine de Paris.** Quatre claviers et un pédalier. | 1 | 7 | 0 | 25 | 0 | 0 | 0 | [illegible] | 0 | 1 | 0 | 3 | 0 | 0 | 0 | 0 | 1/10 | 0 | 48 | 2882 |
| DÉNOMINATION des PRINCIPAUX JEUX. | Principal-Basse. | Contre-Basse. | Grande Quinte. | Diapason. | Grande Tierce. | Grosse Quinte. | Grande Septième. | [illegible] | Grosse Tierce. | Quinte. | Septième. | Doublette. | Tierce. | Larigot. | Petite Septième. | Piccolo. | Plein jeu. | Cornets. | | |
| SÉRIE HARMONIQUE. | 1 | 2 | 3 | 4 | 5 | 6 | 7 | 8 | 10 | 12 | 14 | 16 | 20 | 24 | 28 | 32 | | | | |

N. B. Sur chaque ligne horizontale, vis-à-vis du nom de l'orgue, on a indiqué le nombre de jeux correspondant au rang de la série harmonique. Les zéros marquent les vides existants dans les orgues y dénommés.